Las figuras en el arte

Figuras de dos dimensiones

Julia Wall

Créditos de publicación

Editor
Peter Pulido

Editora asistente
Katie Das

Directora editorial
Emily R. Smith, M.A.Ed.

Redactora gerente
Sharon Coan, M.S.Ed.

Directora creativa
Lee Aucoin

Editora comercial
Rachelle Cracchiolo, M.S.Ed.

Créditos de imágenes

La autora y el editor desean agradecer y dar crédito y reconocimiento a los siguientes por haber dado permiso para reproducir material con derecho de autor: portada © Big Stock Photo/Ron Sumners; title © Big Stock Photo/Joan Soles; p. 4 © photolibrary.com; p. 6 (superior) © Alamy; p. 6 (fondo) © Wikipedia; p. 7 © 2008 Mondrian/Holtzman Trust c/o HCR International, Virginia USA; p. 8 © The Art Archive/Tate Gallery London/Eileen Tweedy; p. 9 © akg-images/CDA/Guillemot; p. 10 © photolibrary.com; p. 11 © Big Stock Photo/Dawn Allynn; p. 13 © Big Stock Photo/Ron Sumners; p. 15 © Rob Cruse; p. 16 © Big Stock Photo/Kimberly Greenleaf; p. 17 © Big Stock Photo/Aravind Teki; p. 22 © Shutterstock/Amy Nichole Harris; p. 23 © Big Stock Photo/Loredana Bell; p. 24–27 © Lindsay Edwards Photography; p. 28 © Big Stock Photo/Margie Hurwich.

Aunque se ha tomado mucho cuidado en identificar y reconocer el derecho de autor, los editores se disculpan por cualquier apropiación indebida cuando no se haya podido identificar el derecho de autor. Estarían dispuestos a llegar a un acuerdo aceptable con el propietario correcto en cada caso.

Teacher Created Materials

5301 Oceanus Drive
Huntington Beach, CA 92649-1030
http://www.tcmpub.com

ISBN 978-1-4333-0500-9

© 2009 Teacher Created Materials, Inc.

Contenido

Las figuras a tu alrededor

Mira por tu escuela. ¿Qué figuras ves? ¿Puedes ver cuadrados, triángulos o rectángulos? Todas éstas son figuras de dos dimensiones.

La mayoría de las figuras de dos dimensiones tienen largo y ancho. Cada una de éstas es una **dimensión**. Bidimensional quiere decir de dos dimensiones.

¿Qué son las figuras de dos dimensiones?

Las figuras de dos dimensiones son figuras planas que puedes dibujar. Las figuras de dos dimensiones **regulares** tienen lados rectos. Todos los lados y **ángulos** son iguales en una figura regular de dos dimensiones.

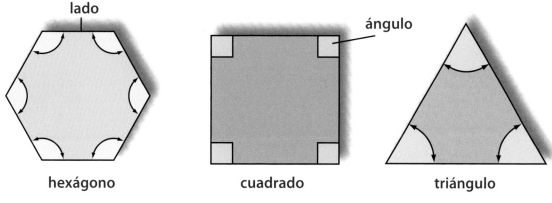

lado · ángulo

hexágono · cuadrado · triángulo

Las figuras de dos dimensiones **irregulares** tienen lados o ángulos que no son iguales.

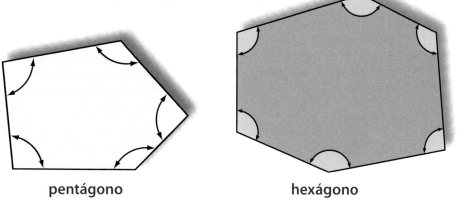

pentágono · hexágono

Las figuras en el arte

Puedes encontrar figuras de dos dimensiones en el arte. Las figuras de dos dimensiones se usan en pinturas. También puedes verlas en **esculturas** y en **mosaicos**.

Estas bancas con mosaicos fueron diseñadas por Antonio Gaudí. Están en Barcelona, España.

Exploremos las matemáticas

Observa la bandera.

a. Nombra la figura roja de dos dimensiones.

b. Nombra otra figura de dos dimensiones que puedas ver.

c. ¿Qué figura de dos dimensiones es la bandera entera?

Pinturas

Esta pintura tiene cuadrados y rectángulos. El artista estaba pensando en Broadway, una parte muy transitada de Nueva York.

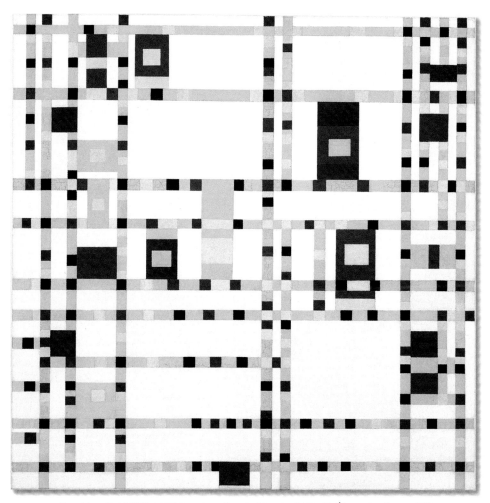

Mondrian, Piet (1872–1944) Broadway Boogie Woogie. 1942–43. Óleo sobre lienzo, 50 X 50". © Mondrian/Holtzman Trust c/o HCR International, Virginia U.S.A.

Esta pintura se llama *Broadway Boogie Woogie*.

Esta pintura está formada por figuras de dos dimensiones irregulares. Las figuras están en **espiral**. Se supone que la espiral es el caparazón de un caracol.

Esta pintura se llama *El caracol*.

©Desc: L'Escargot. Artista: Matisse, Henri: 1869-1954: francés

Arte cubista

El cubismo es una forma de arte famosa. Parte del arte cubista usa figuras de dos dimensiones. Con frecuencia, se descomponen las figuras. Se les junta nuevamente para formar un cuadro.

Escultura

¿Qué figuras de dos dimensiones puedes ver en esta escultura? La hizo Louise Nevelson, un escultor americano.

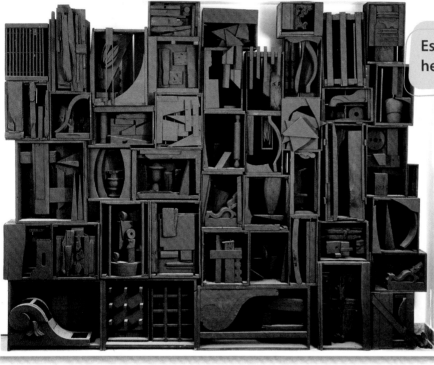

Esta escultura está hecha de madera.

Nevelson, Louise 1899 (o 1900)-1987. "Sky Cathedral III", 1960. (Ensamblaje hecho con 95 partes). Bajorrelieve en madera pintada. 300 x 354 cm. Colección privada.

Exploremos las matemáticas

Observa la figura anterior.

a. ¿Puedes encontrar 15 cuadrados?

b. ¿Puedes encontrar 3 círculos?

c. ¿Puedes encontrar 8 triángulos?

Vitrales

Observa esta ventana. Se dice que es un vitral. Se encuentra en una iglesia en Francia. ¿Ves alguna figura de dos dimensiones?

¡Esta ventana mide 40 pies (12 m) de ancho!

Observa todas las figuras y patrones en esta ventana. Los cuadrados, rectángulos y triángulos son algunas de las figuras de dos dimensiones en la ventana.

Los patrones en el arte

Las figuras se juntan para formar **teselados**. Los teselados forman patrones. Las figuras se juntan sin espacios entre ellas.

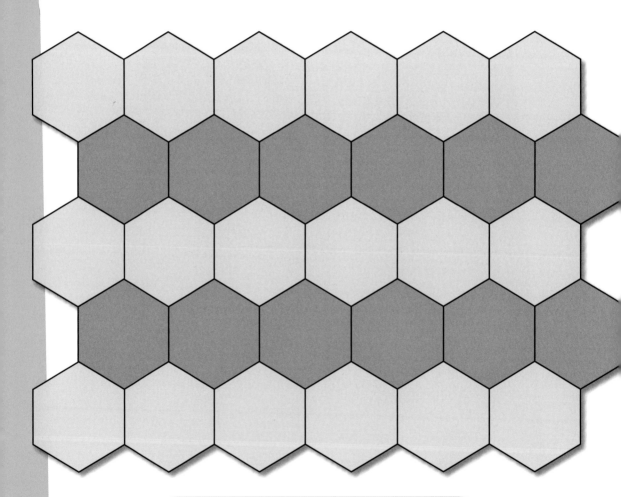

Estos hexágonos se juntan sin aberturas.

Mosaicos

Observa este mosaico. Está hecho de pequeñas piezas de losetas. Algunas veces los mosaicos se ponen en edificios o pavimentos.

¿Qué figuras puedes ver en este mosaico?

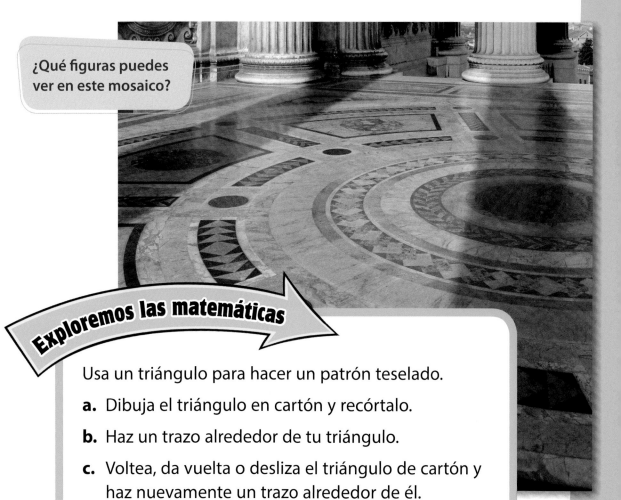

Exploremos las matemáticas

Usa un triángulo para hacer un patrón teselado.

a. Dibuja el triángulo en cartón y recórtalo.

b. Haz un trazo alrededor de tu triángulo.

c. Voltea, da vuelta o desliza el triángulo de cartón y haz nuevamente un trazo alrededor de él.

d. Sigue moviendo tu triángulo para hacer un patrón sin espacios ni superposiciones.

e. Colorea tu teselado usando 2 colores diferentes.

Las líneas de simetría

Algunas figuras tienen líneas de **simetría**. Observa estas figuras de dos dimensiones. Si las doblas por estas líneas, cada mitad es exactamente igual.

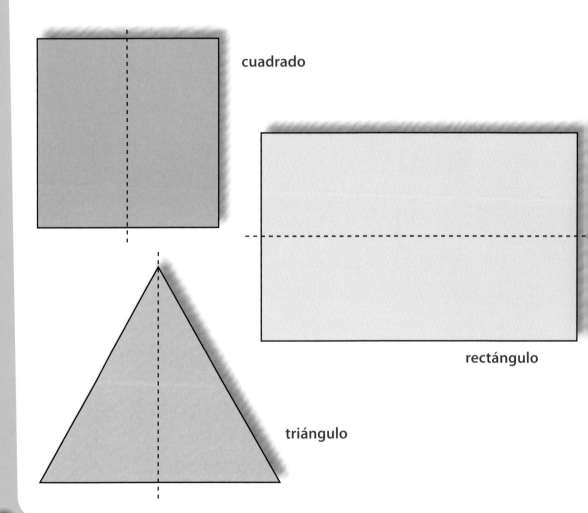

cuadrado

rectángulo

triángulo

Las líneas de simetría son los puntos donde haces los dobleces. Estas líneas también reciben el nombre de líneas de espejo. Si colocas un espejo en las líneas, puedes ver la figura completa.

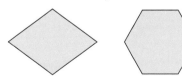

Exploremos las matemáticas

a. Dibuja estas figuras.

b. Traza las líneas de simetría en las figuras.

La simetría en el arte

Mosaicos simétricos

Muchos artistas usan la simetría en sus obras. Los patrones también pueden ser simétricos. ¿Puedes ver las líneas de simetría en este mosaico

Algunas figuras de dos dimensiones pueden tener más de una línea de simetría.

Arquitectura simétrica

Los **arquitectos** también usan la simetría en sus construcciones. El Taj Mahal, en India, es famoso por su simetría y figuras.

Los pisos y senderos del Taj Mahal tienen losetas en patrones de teselado.

Tangramas

El tangrama es un rompecabezas. Tiene 7 piezas que se acoplan para formar una figura cuadrada. La idea es hacer un dibujo con estas 7 piezas.

Vista en detalle

¿Cuáles son las 7 figuras en el tangrama?
Hay 5 triángulos, 1 cuadrado y 1 **paralelogramo**.

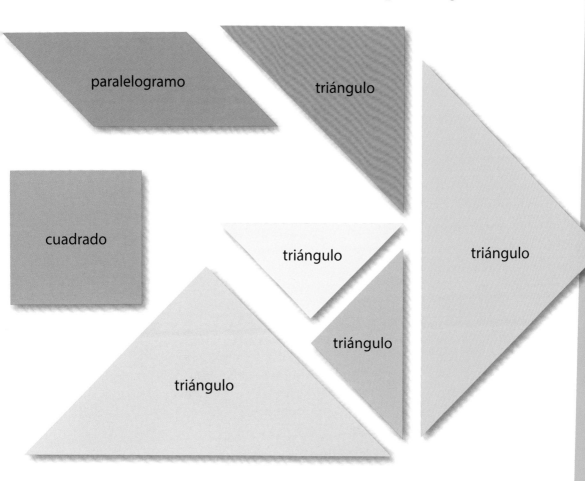

paralelogramo

triángulo

cuadrado

triángulo

triángulo

triángulo

triángulo

Un viejo rompecabezas
El tangrama es una forma muy
antigua de arte que viene de China.

Arte con tangramas

Observa esta figura hecha de un tangrama. Parece fácil de hacer, ¿no es así?

¡Ahora es tu turno! Dibuja tu propio tangrama cuadrado y recorta las figuras. (Usa las páginas 18–19 como guía).

¿Puedes hacer esta figura de un dinosaurio?

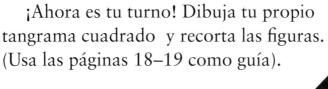

Usa las piezas de tu tangrama para completar estos rompecabezas:

a. Forma un triángulo grande del triángulo mediano y 2 triángulos pequeños.

b. Forma un triángulo grande usando el cuadrado y 2 triángulos pequeños.

c. Forma un paralelogramo usando 2 triángulos pequeños.

d. Forma un triángulo grande usando el paralelogramo y 2 triángulos pequeños.

El arte donde vives

Las figuras nos rodean por todas partes. Da un paseo por tu vecindario o ciudad. Observa los edificios que te rodean.

Estos edificios están en Shanghai, China.

El arte también está por todas partes. Si puedes, visita una **galería** de arte. Verás pinturas maravillosas. También puedes ver mosaicos y esculturas.

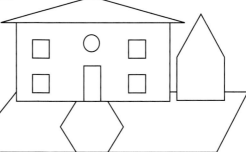

Exploremos las matemáticas

Observa este dibujo.

a. ¿Qué figuras diferentes puedes encontrar?

b. ¿Cuántas de esas figuras hay?

Haz tu propia obra de arte

Ahora puedes usar figuras para hacer tu propia obra de arte. Hagamos un vitral. Puedes usar figuras coloreadas para hacerlo.

En primer lugar, piensa qué aspecto quieres que tenga tu ventana. Dibuja un patrón de figuras en tu "marco de ventana". Puedes dibujar círculos y cuadrados.

Luego, recorta las figuras del cuadro. A continuación, recorta figuras de papel de colores. Pega el papel de color sobre el marco.

Pega tu obra de arte en la ventana. ¡Has hecho una hermosa obra de arte!

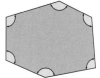   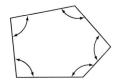

a. ¿Cuáles de las anteriores son figuras regulares de dos dimensiones? ¿Por qué?

b. ¿Cuáles de las anteriores son figuras irregulares de dos dimensiones? ¿Por qué?

Los popotes

Es un día lluvioso y Soula está aburrida. Su mamá acaba de regresar de la tienda de abarrotes. Soula decide ayudar a su mamá a desempacar los alimentos. La mamá ha comprado un paquete de popotes para beber para una parrillada el fin de semana. El paquete contiene 25 popotes del mismo tamaño.

Soula decide usar los popotes para hacer figuras en la mesa de la cocina.

¡Resuélvelo!

a. Soula tiene 25 popotes del mismo tamaño. ¿Cuántos triángulos y cuadrados puede hacer Soula con sus popotes? Tiene que usar todos los popotes sin dejar ninguno.

b. Haz el problema nuevamente y forma un número diferente de triángulos y cuadrados (Te pueden quedar popotes sin usar).

Sigue estos pasos para ayudarte a resolver los problemas.

Paso 1: Dibuja 25 líneas que representen a los popotes.

Paso 2: Dibuja un cuadrado. Marca el número de líneas que usaste.

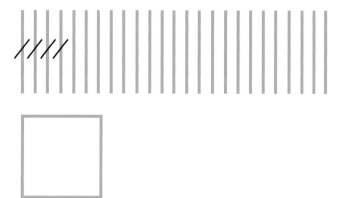

Paso 3: Dibuja un triángulo. Marca el número de líneas que usaste.

Paso 4: Para el problema a, sigue dibujando cuadrados y triángulos, marcando las líneas hasta que no queden más. Para el problema b, te pueden quedar líneas sin marcar.

Glosario

ángulos—los grados entre dos líneas unidas

arquitectos—las personas que diseñan, o dibujan, edificios

dimensión—la medida de una figura; las figuras de dos dimensiones tienen ancho y largo

esculturas—obras de arte hechas al modelar, esculpir o construir figuras de arcilla, piedra, madera o metal

espiral—una curva que se hace más pequeña conforme llega al centro

galería—un lugar donde se almacenan y se exhiben las obras de arte

irregular—no regular; una figura irregular tiene lados y ángulos que no son iguales

mosaicos—obras de arte hechas de piezas pequeñas de vidrio, piedras o arcilla de colores

paralelogramo—una figura de dos dimensiones de cuatro lados con lados opuestos y ángulos que son iguales

regular—que tiene todos los lados y ángulos iguales

simetría—que tiene el mismo tamaño y forma a través de una línea

teselado—que repite patrones de figuras que se unen sin espacios y sin superposiciones

Índice

Exploremos las matemáticas

Página 6:

a. Triángulo

b. Una estrella

c. Un rectángulo

Página 9:

Las respuestas variarán.

Página 13:

Las respuestas variarán, pero pueden mostrar un patrón como el siguiente.

Página 15:

Página 21:

a. b. c.  d.

Página 23:

a. círculo, triángulo, cuadrados, rectángulos, pentágono, hexágono.

b. 1 círculo (sobre la puerta); 1 triángulo (el techo); 4 cuadrados (ventanas); 3 rectángulos (casa, puerta y piso); 1 pentágono (edificio al lado de la casa); 1 hexágono (sendero del jardín).

Página 27:

a. El cuadrado y el triángulo son figuras regulares de dos dimensiones porque tienen lados y ángulos iguales.

b. El hexágono y el pentágono son figuras irregulares de dos dimensiones porque sus lados y ángulos no son iguales.

Actividad de resolución de problemas:

a. Soula puede formar 4 cuadrados y 3 triángulos.

b. Las respuestas variarán, pero podrían incluir 4 triángulos y 3 cuadrados, quedando un popote.